AF313537

1909 Decembre 23

VENTE

Du Jeudi 23 Décembre 1909

HOTEL DROUOT, SALLE N° 7

A DEUX HEURES

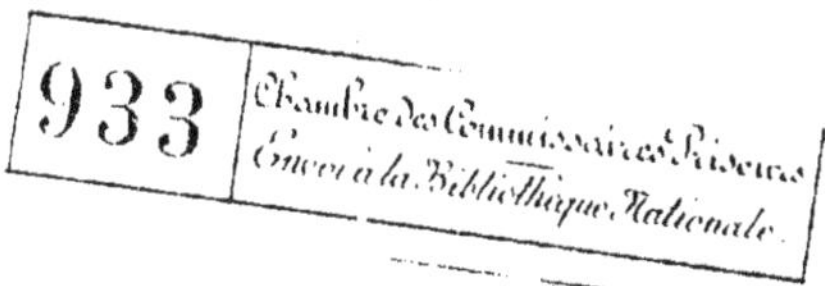

MEUBLES ANCIENS

TABLEAUX, DESSINS, GRAVURES

SCULPTURES, BRONZES

PORCELAINES — FAIENCES — OBJETS VARIÉS

ÉTOFFES

COMMISSAIRE-PRISEUR

Me F. LAIR-DUBREUIL

CATALOGUE

DES

Meubles et Sièges anciens

Commodes, Bureaux, Toilettes, Secrétaires,
Tables, Consoles, Poudreuse, Chiffonnier, etc., etc.

SIÈGES GARNIS — BOIS DE SIÈGES

TABLEAUX ANCIENS ET MODERNES

DESSINS — GRAVURES

Sculptures en Bois et en Pierre — Glaces

BRONZES — PENDULES

PORCELAINES, FAIENCES, ARGENTERIE

Objets variés, Étoffes

DONT LA VENTE AUX ENCHÈRES PUBLIQUES AURA LIEU

HOTEL DROUOT, SALLE Nᵒ 7

Le Jeudi 23 Décembre 1909, à 2 heures

Par le Ministère de Mᵉ **F. LAIR-DUBREUIL**, Commissaire-priseur

6, rue Favart

EXPOSITION PUBLIQUE

Le Mercredi 22 Décembre 1909, de 2 heures à 6 heures

CONDITIONS DE LA VENTE

Elle sera faite au comptant.

Les adjudicataires paieront *dix pour cent* en sus des enchères.

L'exposition mettant le public à même de se rendre compte de l'état et de la nature des objets, aucune réclamation ne sera admise une fois l'adjudication prononcée.

Paris. — Imp. de l'Art, Cʜ. Bᴇʀɢᴇʀ, 41, rue de la Victoire

DÉSIGNATION

PORCELAINES, FAIENCES

1 — Pot et bassin en terre d'Avignon jaune, décor en relief.

2 — Jardinière à six lobes en ancienne faïence blanche, décor en relief.

3 — Trois plats en ancienne faïence de Delft, décor en polychrome et en bleu.

4 — Deux bouteilles en faïence de Delft, décor bleu.

5 — Tête-à-tête en porcelaine décorée, composé de théière, sucrier, pot à crème, deux tasses et leurs soucoupes et un plateau.

6 — Trois porte-burettes en ancienne faïence ou terre émaillée.

7 — Boîte ovale en ancienne porcelaine de Saxe, fond vert et réserves, à décor coréen.

8 — Deux assiettes en ancienne porcelaine de Ludwigsburg, décorées de fleurs.

9 — Magot en ancienne porcelaine de Chine, famille verte.

10 — Groupe en ancienne porcelaine blanche de Capo-di-Monte.

11 — Statuette de gentilhomme tenant une fleur Porcelaine décorée.

ARGENTERIE. OBJETS VARIÉS

12 — Petite boîte rectangulaire en ivoire, monture à cage en argent ciselé et doré.

13 — Petite boîte plate hexagonale en argent doré et émaillé en plein, fond bleu et vert.

14 — Boite à poudre en argent ciselé, à ornements et papillons.

15 — Paire de coupes en cristal gravé, sur pieds en argent doré de style Louis XVI.

16 — Brûle-parfums en argent, sur trois pieds à volutes, avec plateau adhérent. Travail oriental.

17 — Porte-huilier en argent ciselé et découpé
à jour, à cariatides. Époque Premier Empire.
Burettes en cristal taillé.

18 — Réchaud en argent ciselé et repercé, sur
trois pieds à consoles, à mascarons et ornements. Époque Louis XIV.

19 — Salière double en argent ciselé, à figure
d'enfant tenant une guirlande de fleurs

20 — Bas-relief en cire : le Char de l'Amour.

21 — Coffret ancien, décoré d'émaux à sujets et
ornements.

22 — Deux verrières en tôle peinte et vernie,
décorées de ceps de vigne.

23 — Petit lustre à feuillage en fer peint et
découpé, garni de fleurs en porcelaine.

24 — Coffret-nécessaire en marqueterie de paille
de couleur.

25 — Coffre, garni en ancien velours, ornements
de cuivre découpé.

TABLEAUX

DESSINS, GRAVURES

26 — BORILLÉ. Paysages. Deux petits dessins.

27 — ÉCOLE ANCIENNE. Natures mortes : Fruits.
Deux pendants. Cadres en bois sculpté doré.

28 — ÉCOLE FLAMANDE. Les Travaux champêtres.
Cadre en bois sculpté doré.

29 — ÉCOLE FLAMANDE. Le Passage du gué.
Gouache. Cadre en bois sculpté doré.

30 — ÉCOLE FRANÇAISE. Vase de fleurs, forme
ovale. Cadre en chêne.

31 — ÉCOLE ITALIENNE. La Chasteté implorant
la Vierge.

32 — HUET (Attribué à J.-B.). Paysage avec
figures et animaux. Dessin au crayon noir et
sanguine.

33 — LARUE. Quatre compositions allégoriques
dans un même cadre. Dessin à la sépia.

34 — MONNOYER (Attribué à J.-B). Vase de
fleurs. Cadre en bois sculpté doré.

35 — MONNOYER (Attribué à). Vase de fleurs.

36 — RAGOT. Romain de la décadence.

37 — DAVID (D'après). Portrait de Napoléon Ier.
Gravure.

38 — ÉCOLE FRANÇAISE. Le Jeu de boules. Litho-
graphie en couleur.

39 — DE MARNE (D'après). La Promenade du
matin. — La Promenade du soir. Deux gravures en couleur.

40 — MORLAND (D'après). La Traite, intérieur
d'étable. Gravure en couleur.

41 — TENIERS (D'après). La 3e et la 4e Fête flamande. Deux gravures, par LE BAS.

42 — Deux gravures, par CH. LEVASSEUR, d'après
KRAUSS : La Chaufferette. — La Gayeté sans
embarras.

43 — Gravure : Napoléon Ier et son État-Major.
Cadre en acajou, à ornements de cuivre.

BRONZES, PENDULES

44 — Paire de lampes Carcel, formées à colonnes à bases et chapiteaux Époque Premier Empire.

45 — Encrier en bronze ciselé, de style Louis XV, surmonté de branches, formant lumière, ornées de fleurettes et abritant une statuette en porcelaine de Saxe.

46 — Calice en cuivre argenté. Style Louis XVI.

47 — Divinité en bronze ancien de la Chine.

48 — Encrier, forme coquille, porté par un dauphin en bronze, sur socle en marbre de Sienne.

49 — Deux baguiers à figures de dauphins en bronze doré, sur socles en marbre blanc.

50 — Galerie de foyer en cuivre patiné et ornements dorés. Époque Premier Empire.

51 — Paire d'appliques en bronze ciselé et doré, à figures de femmes ailées. Époque Premier Empire.

5 2 — Statuette de la Victoire en bronze. Époque Premier Empire.

53 — Surtout de table en bronze et bronze doré, à fond de glace et figures de femmes supportant un couronnement garni de six lumières. Époque Premier Empire

54 — Pendule en bronze doré, à figure d'Apollon jouant de la lyre. Époque Premier Empire.

55 — Petite pendule porte-montre Louis XV en marqueterie de cuivre, garnie de bronzes.

56 — Pendule porte-montre Louis XV en marqueterie de cuivre, sur fond d'écaille.

57 — Petite pendule Louis XVI en bronze, sur fût de colonne et terrassement, avec figure de jardinier.

SCULPTURES, GLACES

58 — Deux consoles-supports à têtes d'anges en bois sculpté et doré. Travail italien.

59 — Cadre en bois sculpté et doré. Époque Louis XIV.

60 — Trois cadres en bois sculpté. Époques Louis XIII et Louis XIV.

61 — Panneau en bois sculpté, parties dorées : la Vierge et l'Enfant. Travail russe. Cadre en bois sculpté.

62 — Paire de colonnes torses à chapiteaux. Époque Louis XIII.

63 — Statuette de Vierge en chêne sculpté. Fin xvıᵉ siècle.

64 — Groupe en noyer sculpté : la Vierge et l'Enfant. xvııᵉ siècle.

65 — Deux panneaux en hauteur en bois sculpté, offrant en relief des chutes de fleurs.

66 — Devant de coffre en bois sculpté, d'époque Renaissance, a rirceaux et figures.

67 — Paire de grandes appliques en bois sculpté doré, formées par un assemblage de torches, de cors et d'ornements d'où s'échappent deux lumières.

68 — Deux panneaux en chêne sculpté, présentant dans des niches un groupe de la Vierge et l'Enfant, et une statuette de Saint Jean-Baptiste. xviie siècle.

69 — Groupe en pierre sculpté : la Vierge et l'Enfant.

70 — Petite glace, cadre en bois sculpté partiellement doré, à ornements et corbeille de fleurs. Époque Louis XVI.

71 — Petite glace, cadre en bois sculpté doré, à grappes de raisins et gerbes de blé. xviiie siècle.

72 — Glace, cadre en bois sculpté doré, à grappes de raisins, fronton d'un groupe de colombes et feuillages. Époque Louis XVI.

73 — Glace dans un cadre de forme contournée en bois sculpté, à figures, coquilles et guirlandes. xviiie siècle.

74 — Glace de toilette, cadre en marqueterie de paille de couleur. Époque Louis XIV.

75 — Glace dans un cadre en bois sculpté doré, fronton à vase et guirlande de fleurs. Époque Louis XVI.

76 — Glace, cadre en noyer, à médaillon, fleurs et feuillages sculptés. Époque Louis XVI.

77 — Trumeau en bois sculpté peint et doré, d'époque Louis XVI, avec peinture : Paysage, marine.

78 — Glace-trumeau en bois peint, de style Louis XV, décoré d'une ancienne gravure en couleur à personnages sous des bosquets.

MEUBLES

79 — Étagère d'encoignure en bois peint vert, décorée de bouquets de fleurs. xviiie siècle.

80 — Deux petites commodes de poupées en acajou, d'époque Louis XVI.

81 — Commode de poupée en noyer, d'époque Louis XVI.

82 — Support à deux étagères en noyer.

83 — Guéridon-support en noyer, à colonne torse.

84 — Écran en bois sculpté doré, feuille en ancienne tapisserie au point et au petit point.

85 — Petit meuble en noyer, ouvrant à deux tiroirs ; tablette d'entrejambe et dessus de marbre blanc. Époque Louis XVI.

86 — Petite table en marqueterie de bois, sur quatre pieds cambrés. Époque Louis XIV.

87 — Table à jeu, forme demi-lune, en bois d'acajou et moulures de cuivre. Époque Louis XVI.

88 — Table à jeu en acajou, d'époque Louis XVI, portant l'estampille de L. MOREAU.

89 — Petite table en bois de rose et marqueterie de bois de couleur, sur quatre pieds droits ; dessus décoré d'une corbeille de fruits. Époque Louis XVI.

90 — Petite toilette d'enfant en acajou et marbre blanc. Époque Louis XVI.

91 — Bureau Louis XV à abattant en bois de rose et de violette, garni de bronzes.

92 — Console d'angle en bois sculpté doré, pied à figure, bandeau à rinceaux. Dessus de marbre bleu-turquin. Époque Louis XVI.

93 — Console en acajou, sur deux pieds à figures de chimères ailées en bois sculpté doré. Dessus de marbre bleu-turquin. Époque Premier Empire.

94 — Console Louis XVI à coins arrondis et tablette d'entrejambe, garnie d'un perlé de cuivre. Dessus de marbre bleu-turquin.

95 — Bureau plat en acajou, moulures et ornements à draperie en bronze doré. Époque Louis XVI.

96 — Toilette-poudreuse en bois de rose et de violette. Dessus en marqueterie de bois à corbeille de fleurs. Époque Louis XV.

97 — Table à jeu, de forme triangulaire, à développement, en bois de rose et bois de violette. Dessus à damier en marqueterie. Époque Louis XVI.

98 — Meuble-secrétaire en noyer sculpté, d'époque Louis XVI, ouvrant à une porte vitrée, ornements en bronze. Dessus de marbre Sainte-Anne.

99 — Chiffonnier Louis XVI en bois satiné, à filets de bois rose et de citronnier, ornements de bronzes. Dessus de marbre.

100 — Commode Louis XVI, ouvrant à deux tiroirs, en bois de rose et bois de violette, présentant sur la façade : la Descente d'une montgolfière en marqueterie de bois. Ornements de bronzes rapportés. Dessus de marbre.

101 — Petit bureau bonheur-du-jour Louis XVI en acajou, forme à cylindre.

102 — Toilette-poudreuse en bois de placage et marqueterie de citronnier. Époque Louis XVI. Elle est garnie d'un pot à fard et d'une soucoupe en ancienne porcelaine de Tournai et de deux flacons à odeur en verre.

103 — Armoire en chêne sculpté, décorée de médaillons présentant en relief des bouquets de fleurs. Époque Louis XV.

104 — Bureau, formant secrétaire, en bois verni et incrustations de bois noir. xviie siècle.

105 — Commode, à deux rangs de tiroirs, en bois de rose et bois de violette, ornements en bronze. Dessus de marbre. Époque Louis XV.

106 — Meuble-vitrine en bois de poirier incrusté de filets et d'ornements en cuivre, ouvrant à deux portes grillagées. Dessus de marbre. Époque Louis XIV.

107 — Meuble, à deux corps, en racine de noyer
et bois de violette, le bas à deux vantaux
pleins, le haut à deux portes vitrées. xvii\ siècle.

108 — Commode en bois de placage et marqueterie de bois, ouvrant à deux tiroirs décorés
d'un vase de fleurs, ornements en bronze.
Dessus de marbre. Époque Louis XVI.

SIÈGES

109 — Prie-Dieu en marqueterie de bois, à
fleurs et feuillage. xvii\ siècle.

110 — Chaise en noyer foncé de bois, dossier
sculpté. xvii\ siècle.

111 — Chaise en noyer sculpté et thuya, xviii\
siècle, garnie en tapisserie au point.

112 — Chaise-longue en bois laqué, avec fauteuil bout de pieds, garniture en étoffe fond
gris à guirlandes et fleurs.

113 — Deux bois de fauteuils en noyer sculpté.
Époque Louis XV.

114 — Petit fauteuil en bois de noyer, fin
Louis XV, garni en soie brochée fond crème.

115 — Bois de bergère sculpté. Époque
Louis XVI.

116 — Fauteuil en bois sculpté. d'époque
Louis XVI, garni de velours rouge.

117 — Chaise en noyer sculpté, d'époque
Louis XVI, garnie de canne.

118 — Deux fauteuils en bois sculpté et peint.
Époque Louis XVI, garnis de cretonne.

119 — Chaise hollondaise en bois sculpté, garnie en cretonne.

120 — Bois de banquette. Louis XVI.

ÉTOFFES

121 — Morceau de bordure en ancienne tapisserie. xviiᵉ siècle.

122 — Deux morceaux en ancien brocart à
fleurs sur fond crème.

123 — Cinq morceaux d'ancien brocart fond
vert.

124 — Grand bandeau en drap vert brodé de
fleurs, rinceaux et Pélican en laine de
couleur.

125 — Panneau en ancienne soie brochée
Louis XVI, à bouquets de fleurs et festons
sur fond rose.

126 — Tapis de table en drap rouge brodé, à
dessin oriental.

127 — Garniture de siège en tapisserie au petit
point.

128 — Deux morceaux de lampas, fond rouge.
Environ 4 m. 70 cent.

129 — Morceau d'ancienne soie Louis XVI, brodée de branches de fleurs.

130 — Bande en lampas bleu ciel, dessin à grands rinceaux et fleurs. Environ 9 m. 50 cent.

131 — Chape en ancien damas rouge, avec orfroi et bordure en satin broché, fond vieux rose.

132 — Lot de six morceaux d'ancienne tapisserie.